Collection

junior

LES DRAGONNIERS
Numéro 5

Riche de connaissances

Madame Mimi et son oeuf de Dragon d'Or

textes et illustrations de
MARYSE PEPIN

Éditions McGray

Collection Seyrawyn junior
Série LES DRAGONNIERS
Numéro 5 - Madame Mimi et son oeuf de Dragon d'or
                    Riche de connaissances

Auteure : **MARYSE PEPIN**

Collaboration : Martial Grisé
Collaboration spéciale : Chantal Pepin, conseillère pédagogique

Design graphique, illustrations, mise-en-page,
conception et illustration de la couverture : Maryse Pepin
Certaines illustrations : 123RF, Dreamstime, Canstock, Istock, Superstock, Fotofolia

Éditeur :

Les Éditions McGray
Saint-Eustache, Québec, Canada
Courriel : info@editionsmcgray.com
www.EditionsMcGray.com

Facebook / Les gardiens des œufs de Dragon
Facebook / Seyrawyn – page officielle

Disponibles en librairie et via Internet :
   ROMANS
   MATÉRIEL PÉDAGOGIQUE
   ŒUFS DE DRAGON

WWW.SEYRAWYN.COM

Catalogage avant publication de Bibliothèque et Archives nationales du Québec
et Bibliothèque et Archives Canada

Pepin, Maryse, 1968-
        Les dragonniers : Madame Mimi et son œuf de Dragon d'or : riche de connaissances

        (Colléction Seyrawyn junior ; 5)
        Comprend un index.
        Pour enfants de 7 ans et plus.
        ISBN 978-2-924204-27-6
        I. Titre.

PS8631.E63D725 2015   jC843'.6   C2015-940187-9
PS9631.E63D725 2015

Répertorié dans Memento

LES DRAGONNIERS

(7 à 10 ans)

No.1 - DRAGON BLEU (2014)
Mathis et son œuf de Dragon bleu
En confiance devant la classe
(gestion de l'anxiété - timidité - confiance - s'exprimer devant public)

No. 2 - DRAGON ROSE (2014)
Léa, Liam et leur œuf de Dragon rose
Du calme, la colère !
(gestion des conflits - gestion de la colère - relations)
.

No. 3 - DRAGON BLANC (2014)
Florence et son oeuf de Dragon blanc
Place à la créativité de l'artiste !
(création - sens artistique - initiative)
.

No. 4 - DRAGON VERT (2015)
Thomas et son œuf de Dragon vert
Escapade en forêt
(découverte - activité pein-air - débrouillardise - prudence)
.

No. 5 - DRAGON OR (2015)
Madame Mimi et son œuf de Dragon d'Or
Riche de connaissances
(astuces pour apprendre - classe de dragonniers)
.

No. 6 - DRAGON ARGENT (2015)
Chloé et son œuf de Dragon d'argent
(conscience - nature - environnement)

No. 7 - DRAGON BRONZE (2015)
Gabriel et son œuf de Dragon de bronze
Adieu, mon cher compagnon
(relation avec les animaux - les étapes du deuil - émotions)
.

No. 8 - DRAGON ROUGE (2015)
Nathan et son œuf de Dragon rouge
(intimidation - affirmation de soi)

No. 9 - DRAGON MAUVE (2015)
Zoé et son œuf de Dragon mauve
(apaiser les peurs et les cauchemars - spirituel - énergies)

No. 10 - DRAGON NOIR (2015)
Jacob et son œuf de Dragon noir
(le grand défi de Dilan : déménagement et adaptation)

L'ère des dragonniers
est commencée.

Mot de l'auteure

Bonjour! Aux enfants

Voici l'histoire d'enfants qui ont vécu une année scolaire mémorable dans une classe de dragonniers. En devenant les modèles d'un œuf de Dragon d'or, ils ont découvert les multiples secrets de l'apprentissage.

Toi aussi, découvre comment avoir confiance en tes belles forces intérieures... et laisse-toi guider par la magie!

Aux parents

Depuis plusieurs années, nos dragonniers (ils sont maintenant des milliers) nous partagent leurs formidables expériences vécues en compagnie de leurs alliés, œufs de Dragon.

Inspirée par leurs témoignages souvent émouvants, j'ai eu envie de partager avec les enfants des récits ludiques afin qu'ils constatent, eux-aussi, comment agit la fabuleuse et pratique magie des œufs de Dragon de Seyrawyn.

Merci Myriam, Chantal, Johanne, Nicole, Jeannette, Denise et à toutes les autres du milieu de l'éducation qui croient en la magie des œufs de dragon!

Maryse

Table des matières

Première partie :
La découverte des œufs de Dragon

Deuxième partie:
Adopter un œuf de Dragon

Troisième partie:
Expériences de dragonniers

Première partie

La découverte des œufs de Dragon

Il n'existe pas
de mauvais dragons.
C'est le dragonnier★
qui fait la différence !

Les mots avec
une ★ sont
expliqués à la
fin du livre.

La rentrée scolaire

Par une belle journée encore chaude de septembre, les jeunes sont rassemblés dans la cour de l'école du quartier. Ils sont turbulents*, courent partout et chahutent* joyeusement.

Leurs petites voix aiguës* résonnent en écho sur les murs de briques rouges. Il faut dire qu'aujourd'hui est un jour bien spécial : **c'est la rentrée scolaire!**

Il y a dans l'air un mélange de joie exubérante* et la tristesse annuelle marquant la fin des vacances d'été.

La foule est compacte. Beaucoup de parents accompagnent leurs enfants et les nouveaux se tiennent un peu à l'écart.

Alice attend impatiemment que ses amis arrivent en observant les petits de la maternelle. Un vent léger ébouriffe* une mèche de cheveux noire et ondulée qui lui retombe sur le nez.

«**Comme ils sont mignons,** pense-t-elle avec émotion. Et puis, c'est leur tout premier jour d'école! Je me souviens à leur âge combien j'avais hâte et peur en même temps. Elle relève la tête avec fierté. Mais maintenant, **je fais partie des grands!**»

Soudain, un de ses meilleurs copains arrive à se frayer un chemin jusqu'à elle. Sa peau noire contraste avec le jaune clair de son chandail.

— **Salut, Alice!** lui dit-il en souriant.

— **Salut, Benjamin!** Tous nos amis sont-ils de retour? demande la fillette.

Elle se hisse sur la pointe des pieds afin de voir par-dessus les nombreuses têtes.

— Presque tous, répond le gamin en passant sa main foncée sur son crâne presque rasé. J'aperçois Olivier qui vient vers nous en sautillant sur un pied et sur l'autre, comme à son habitude.

Un jeune blondinet aux cheveux hérissés en porc-épic s'avance rapidement vers eux.

— **Salut, Alice! Salut, Ben!** lance-t-il rapidement. Avez-vous vu le nouveau **parc à jeux**? Il est magnifique. Les lignes du terrain de **basketball** ont été repeintes en orange. J'ai trouvé l'espace pour ranger les **vélos**, il a été déplacé... Et puis, n'attendez pas **Jacob** ni **Mia**, ils ont tous les deux déménagé dans une autre ville durant l'été.

— **Oh non!** dit Alice, vraiment déçue en apprenant cette dernière nouvelle. Mia va me manquer!

— Et Jacob était toujours prêt à relever des défis, ajoute tristement Benjamin.

— Au moins, nous sommes tous les trois ensemble, déclare Olivier. J'espère que nous serons encore dans la même classe!

Surprise!

Soudain, un air musical appelle les enfants à découvrir leur professeur et leurs nouveaux compagnons pour l'année qui commence!

Les enseignants se tiennent près du mur de l'école. Ils se démarquent en attendant avec un grand carton de couleur représentant leur niveau 1, 2, 3...

— **Wow! Regardez,** madame Mimi a revêtu **sa plus belle robe d'époque!** admire Alice.

Effectivement, l'enseignante Myriam, madame Mimi pour les jeunes, s'est costumée pour ce jour d'accueil. Sa superbe robe longue et soyeuse virevolte autour d'elle à chaque mouvement. Une étrange petite boursette de cuir brun est attachée à sa ceinture.

— Elle a même apporté **LA fameuse bannière des dragonniers!** renchérit Benjamin, les yeux brillants.

Au-dessus de la foule, un large drapeau rouge flotte dans le vent. Le symbole d'un dragon y est brodé de fil doré.

— J'ESPÈRE QUE NOUS SERONS DANS SA CLASSE, murmure Olivier. J'en rêve depuis que je suis en première année!

Les trois enfants s'approchent joyeusement des enseignantes du niveau 4.

Madame Mimi commence à appeler ses élèves, un par un. Tout à coup, Olivier entend son nom!

— **Aahh, chanceux!** soupirent les autres.

— **Youppiiii!!!** lance Olivier, fou de joie.

Sans même regarder ses deux amis, il bondit avec hâte et se rend immédiatement auprès de l'étendard* pourpre et or. Avec un sourire, madame Mimi le lui tend. Toujours en sautillant, il le prend dans ses mains tremblantes.

L'enseignante pose doucement sa main sur l'épaule du gamin surexcité pour l'apaiser un peu.

Benjamin comprend le message. Il prend quelques inspirations et tente de ralentir les battements de son cœur. Enfin un peu plus calme, il hisse le drapeau bien haut au-dessus de sa tête. **Quelle fierté!**

Les autres noms bourdonnent dans ses oreilles, mais il ne leur prête pas attention. **Son rêve se réalise!** Près de lui se rangent les autres élèves de son groupe et, peu à peu, les rangs se forment.

Soudain, il réalise que Benjamin et Alice seront aussi avec lui. **Quel bonheur!**

Lorsque les rangs sont complets, les groupes se dirigent vers leur nouvelle classe.

— Allons-y, c'est à nous, déclare madame Mimi d'une voix entrainante. **Allons visiter notre donjon*!**

Olivier remet la bannière à sa voisine. La jeune fille marche en tête en le tenant fermement à son tour. La double colonne emboite le pas en silence, ou presque...

— **Qu... quoi?** s'exclame d'une voix apeurée la nouvelle venue à l'école. UN CACHOT, UNE OUBLIETTE, ICI?

— **Chuuuut!** murmure Alice pour la rassurer. Mais non, ne t'en fais pas, ce n'est qu'un jeu de mots. Il n'y a pas de prison dans notre école...

— Du moins, *c'est ce qu'ils tentent de nous faire croire...* chuchote Benjamin.

— **Ben!** le gronde Alice. TU SAIS BIEN QUE C'EST FAUX!

Le garçon se retourne en riant. Il adore jouer des tours.

— Je m'appelle Alice, dit la fillette en se retournant vers sa voisine de rang.

— Et moi Camille, répond la nouvelle amie en rajustant ses lunettes sur son nez.

Le donjon

Le groupe monte vers la classe située au deuxième étage de l'école. Ils traversent un corridor, passent devant les casiers en métal et arrivent enfin devant **LA** porte de leur local.

Celle-ci est décorée comme une porte de l'ancien temps, avec du bois et des pentures* en métal. La fenêtre est fermée par un rideau de velours rouge brodé d'un dragon doré.

— **Encore le même emblème!** remarque Camille à voix basse.

— Oui, c'est le symbole de la classe des dragonniers, chuchote Alice.

La nouvelle a attaché ses cheveux blonds en deux longues couettes.

Elle est surprise et de plus en plus nerveuse.

— Des dra... dragons?

Elle n'a pas le temps d'y penser, car les enfants entrent... ENFIN!

— **Ahhhhhh!** s'exclament les jeunes.

— **Bienvenue chez vous!** les accueille madame Mimi d'une voix chaleureuse. Faites le tour afin de découvrir les secrets de notre classe. Mais attention de ne rien déplacer, chaque chose est à sa place et il y a une place pour chaque chose. **Il serait moche de commencer la journée en faisant du ménage!**

L'atmosphère qui y règne laisse les enfants momentanément sans voix. Toute la décoration est médiévale,* **on dirait un château!**

Autour d'eux, plusieurs éléments rehaussent* cette impression : un lampion en cuivre, le drapeau de la classe planté dans un socle* de fer près de la porte d'entrée et tellement d'autres détails que les enfants n'en finissent plus de les découvrir.

Fait amusant, le plancher est un immense damier* noir et gris et les pupitres sont alignés bien droits, chacun dans leur case.

Les fenêtres sont garnies de beaux rideaux bourgogne. Les vitres sont éclairées de vitraux de papier de couleur, souvenirs d'une production en arts plastiques de l'année précédente.

Le haut des murs est décoré de créneaux* en carton imitant la pierre. Juste en dessous, il y a de belles affiches en couleur illustrant un château de l'époque du **Moyen Âge** et dix... **merveilleux dragons!**

Curieux les enfants s'approchent d'un espace particulièrement invitant.

Dans un coin, une grande tour construite en bois et recouverte de pierres peintes se dresse presque jusqu'au plafond.

— **Wow...**

— **Voici le donjon!** déclare fièrement madame Mimi en le pointant.

Elle relève un coin du rideau qui sert de porte.

— Pour ceux qui s'inquiètent, un **donjon** n'est pas un cachot ou une oubliette, continue-t-elle en rassurant Camille, c'est une tour fortifiée. **Dans notre classe, c'est la maison de quelqu'un de très important...** ajoute-t-elle sur un ton mystérieux.

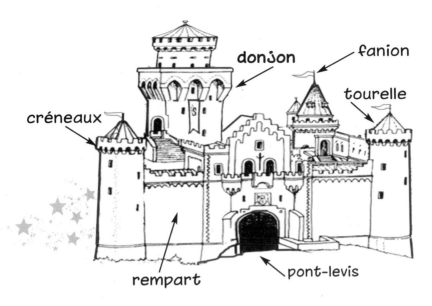

donjon

fanion

tourelle

créneaux

rempart

pont-levis

Alice et ses amis s'approchent de la tourelle.

— **Oooohhh!** s'étonnent-ils en y jetant un coup d'œil.

— C'EST UN COIN POUR LA LECTURE! constate Alice. J'ai bien envie de m'asseoir sur un de ces confortables coussins placés par terre!

— Ou sur ce trône de bois! déclare Camille en s'étirant le cou.

— **Yahoo! Moi, qui adore lire!** ajoute Benjamin en admirant les petites bibliothèques remplies de bouquins.

— Madame Mimi, **qui** habite le donjon? demande soudainement Olivier.

— C'est le roi de notre classe! lui répond à la blague Benjamin en riant.

— Tu as raison, jeune homme, approuve madame Mimi. C'est bien un châtelain qui habite ici... Attendez-moi un instant, je vais vous le présenter...

L'enseignante entre dans la tour en se baissant un peu, car la porte est étroite. Les enfants s'agglutinent pour mieux voir.

— *Camille, as-tu vu quelqu'un de caché là-dedans?* murmure Alice à sa nouvelle amie.

— **Non, je n'y ai vu personne...** répond la fillette, fort intriguée*.

Les jeunes retiennent leur souffle.
Alors, qui...?

Au bout de quelques minutes qui leur ont semblé une éternité, madame Mimi ressort en tenant un petit panier en osier peint en doré.

— Installez-vous par terre autour de moi, demande-t-elle en se tirant une chaise.

Les enfants, excités, s'exécutent et madame Mimi attend que le silence revienne avant de continuer. Doucement, elle retire la légère couverture rouge qui recouvre le panier.

— **Ça alors...** font les enfants, les yeux écarquillés.

Deuxième partie

Adopter un œuf de Dragon

Chapitre 4

Un œuf de dragon? Un vrai?

L'enseignante leur montre un œuf déposé sur un lit douillet. Ovale et lisse, il est brun chocolat foncé avec des taches jaunes et zébré de fines lignes blanches. Il est accompagné d'une photo de dragon.

— **Je vous présente Confucius...** dit-elle d'une voix solennelle*. Il est très ancien et surtout précieux. C'est... **un œuf de Dragon d'or!**

— **Oohhhhh!** s'écrient les enfants.

— **Un œuf de dragon? Un vrai?** demande Olivier, tellement heureux d'être là.

— **Oh que oui!**
Dans le mot **imaginaire**,
il y a le mot **magie**, explique-t-elle.
Et ça, **c'est un œuf magique!**

— C'est parce qu'il vient d'un monde magique et imaginaire? demande Camille.

— **Exactement!** confirme l'enseignante. Et lorsqu'**on croit à la magie, tout est possible...**

— Est-ce qu'on peut le toucher? ajoute Alice.

Madame Mimi fait signe que oui et chacun vient le flatter du bout du doigt.

Tous les enfants parlent maintenant en même temps et chacun émet ses commentaires. La dragonnière sourit et lève la main pour faire revenir le silence.

— **On dirait une roche!** lance un gamin d'un air provocateur*.

— Les œufs de dragons se servent de leur carapace de marbre pour se protéger en attendant d'éclore, précise madame Mimi avec patience.

— C'est un **camouflage**, conclut Benjamin.

— À quoi sert un œuf de dragon? questionne encore Alice.

L'enseignante explique que dans leur univers fantastique, lorsqu'un aventurier ou une aventurière mérite de devenir dragonnier ou dragonnière, on lui confie l'éducation d'un œuf de dragon.

Lorsqu'il est adopté, le dragonneau* se réveille, dialogue avec son nouvel allié par la pensée et lui communique sa force vitale. Il y a dix races de dragons avec dix forces magiques différentes.

— **Ce n'est même pas un vrai, car la magie n'existe pas!** déclare encore le gamin incrédule*.

Alice se retourne en fronçant les sourcils, les deux mains sur les hanches.

— **Tu sauras que la magie fonctionne seulement si tu y crois!**

— En fait, la magie vient de ton **imag**inaire, explique madame Mimi d'une voix douce. C'est toi qui décides si elle existe ou non dans ton cœur. Ce que je peux te dire par contre, c'est que LA MAGIE DES DRAGONS REND LA VIE PLUS BELLE ET LEURS QUALITÉS NOUS AIDENT À SURMONTER NOS DIFFICULTÉS.

— Est-ce que les dragons sont dangereux? demande Camille.

— **Tous les dragons naissent bons. C'est le dragonnier qui fait la différence.**

— C'est comme pour l'adoption d'un chien, compare Olivier.

— Exactement, tu as compris le principe.

— **Il est tellement beau!** Et puis, il est de la même couleur que toi, Ben! déclare Alice en taquinant son ami.

— **Il me ressemble, alors!** proclame Benjamin avec fierté. Madame, quelle est la force magique d'un Dragon d'or?

L'enseignante résume la carte du dragon : Le Dragon d'or est un érudit rempli de sagesse et de bons conseils. Il aime acquérir des connaissances et enseigner ce qu'il a appris. Il est plein de ressources pour apprendre ou se concentrer. Toute sa vie, il continuera son apprentissage au contact des gens qui l'aiment.

— Alors, c'est un petit professeur! s'exclame Alice.

— Il est parfait pour vous, madame Mimi! ajoute Benjamin.

Chapitre 5

Le serment du dragonnier

— Quand va-t-il éclore? demande Benjamin.

— Le dragon va éclore seulement lorsqu'il sera prêt. Son évolution commence avec son adoption, répond madame Mimi.

Elle explique que le dragonneau voit la vie avec les yeux de son dragonnier et vit les émotions à travers son cœur. Il va éclore lorsqu'il aura appris tout ce qu'il lui faut savoir pour faire une belle vie.

— Madame Mimi, **est-ce que vous êtes une dragonnière?**

— Oui, et cela fait déjà presque dix ans que j'ai Confucius avec moi, confie-t-elle.

Elle les regarde sérieusement.

— J'ai une proposition à vous faire. Est-ce que vous acceptez d'adopter mon dragon pour l'année et de lui enseigner par votre exemple une foule de nouvelles choses?

— **Oh, ou*iiiiiii*!** répondent en chœur les enfants.

— En tant que responsables d'un dragon, nous devrons suivre le code de vie des dragonniers : **respect, connaissance et défis**, dit-elle en pointant la bannière rouge. Dans votre cas, la plus grande quête de votre vie d'enfant est de réussir votre année scolaire.

— Et le Dragon d'or pourra nous aider à y arriver? demande Camille.

— Oui. Qu'en dites-vous, pensez-vous être capables de devenir dragonniers?

— **Oh, ou*iiiiiii*!**

— Comment fait-on pour l'adopter? demande Olivier.

— Nous ferons la promesse d'en prendre soin qui s'appelle «**le serment du dragonnier**».

— Ensuite, continue-t-elle, puisque Confucius est déjà réveillé, il va **communiquer en esprit avec chacun de vous**. Certains l'entendront dans leur tête et d'autres le ressentiront dans leur cœur, comme une impression.

Dans les années passées, il est arrivé que le contact avec les élèves soit rapide et, parfois, qu'il se fasse plusieurs jours plus tard. Le plus important : les nouveaux dragonniers ne seront **plus jamais seuls** et le dragon se manifestera au moment **où ils en auront besoin**.

— Je vais maintenant vous lire la promesse et vous allez répéter les phrases après moi, déclare madame Mimi. Êtes-vous prêts à devenir les éducateurs de mon oeuf de dragon en lui montrant comment agir pour faire une belle vie?

— **Ou***iiiiiii!*

L'enseignante déroule alors un petit parchemin en papier beige. Elle place une main sur son cœur. Les enfants l'imitent. Elle commence à lire à haute voix et chacun répète les mots solennels.

Lorsque la lecture est terminée, les nouveaux dragonniers sont émus et fiers.

Le Serment du Dragonnier

En tant que futur Dragonnier,
j'accepte les responsabilités suivantes
envers mon œuf de Dragon.

Par conséquent, je m'engage :

À lui donner un nom digne de sa race
À en prendre soin
À le protéger
À lui parler tous les jours
À le manipuler avec délicatesse
À le cajoler★
À le garder propre
À le placer au soleil pour le réchauffer
À le border★ dans sa petite boursette
À lui enseigner par mon exemple
    à faire une bonne vie afin qu'il
    puisse éclore en toute sécurité

Et surtout, je ne le mettrai pas
    dans un coffret pour l'oublier.

Sur mon honneur,
    j'accomplirai le tout sans faillir,
        je le jure !

Chapitre 6

Le contact

Les nouveaux dragonniers et dragonnières s'approchent. Madame Mimi dépose alors doucement dans leurs mains leur nouveau protégé. Chacun son tour!

— **Comme il est lourd!** s'exclame Alice. Il est tout **chaud** dans mes mains!

Le dragonneau attendait avec impatience ce moment pour établir un contact magique avec chacun des enfants. Il choisit de leur inspirer une petite phrase personnelle.

— Tu sais ma belle dragonnière Alice, lui murmure Confucius, «quand un enfant a faim, mieux vaut lui apprendre à pêcher que de lui donner un poisson tout cuit».

«Qu'est-ce que cela veut dire?» se demande-t-elle en déposant doucement l'œuf dans la paume de sa voisine.

— **Comme il est doux! J'ai envie de le cajoler!** s'écrie à son tour Camille en le collant sur sa joue. Madame Mimi, vous lui avez trouvé un nom digne de sa race. Qu'est-ce que veut dire CONFUCIUS?

— C'était un homme plein de sagesse qui a vécu en Chine à l'époque médiévale. Il a écrit plus de **mille proverbes pour nous faire réfléchir,** explique l'enseignante. Si vous le voulez, vous pourrez chercher l'histoire de ce fameux personnage plus tard. Je trouvais que cet œuf de dragon lui ressemblait.

— **Camille, je serais heureux de te faire découvrir «qu'il n'est pas nécessaire d'aller vite, mais de ne jamais arrêter»,** murmure le dragonneau.

— **Hein???** dit Camille en le confiant ensuite à Olivier.

— Bonjour, mon nouveau dragonnier, murmure Confucius au garçon, je suis enchanté de te connaître. Savais-tu «qu'il n'y a jamais d'échecs, que des expériences»?

— Benjamin, l'as-tu entendu dans ta tête? demande Olivier, fort surpris en passant l'œuf de dragon au suivant.

— Oui... C'est assez bizarre comme sensation, répond son copain. Il m'a dit : «Une image vaut mille mots.» Qu'est-ce que ça veut dire?

Olivier hausse les épaules, car il n'en a aucune idée.

— Mes alliés, vous devrez chercher, c'est une quête! rigole la petite voix de dragon dans l'esprit des deux garçons en même temps.

— Une enquête? Quelle bonne idée! répondent-ils en se regardant, étonnés.

— En attendant, installez-vous à votre pupitre, annonce madame Myriam.

Pour le reste de la journée, les jeunes déballent leurs sacs à dos chargés de fournitures neuves.

Troisième partie

Expériences de dragonniers

Le Dragon d'Or est un érudit et un sage qui passe sa vie à s'instruire.

Il aime apprendre surtout pour partager ses connaissances.

On vient de partout pour le consulter et obtenir ses conseils.

Il n'y a pas de mauvais Dragon, c'est le dragonnier qui fait la différence.

Voici un nom digne de sa race :

Confucius

Date

Les trois clés

Les nouveaux dragonniers se présentent ensuite chacun leur tour pour apprendre à faire connaissance. Ils discutent avec leur enseignante. Elle leur explique le fonctionnement de la classe qui est assez simple.

Ainsi, l'**horaire de la journée** est illustré par des pictogrammes* et toujours affiché sur le tableau en avant.

Juste au-dessus, il y a deux **horloges** : la première indique l'heure en chiffres numériques rouges, l'autre avec les aiguilles d'un cadran. Celle-ci sert aussi de minuterie visuelle.

Sur un mur du côté, deux **lignes du temps** s'étirent sur toute la longueur. Sur la première ligne, on distingue, entre autres, l'époque des dinosaures, **le Moyen Âge**, la découverte de la Nouvelle-France suivie de l'**époque actuelle**.

Au-dessus, la seconde ligne a des espaces plus larges et représente l'**année en cours**. On y voit les mois, les congés et les jours importants. Il y a même le dessin d'un bonhomme de neige!

— **C'est un calendrier!** remarque Alice.

— **Ouiii! Nous pourrons aussi y ajouter et situer dans le temps des évènements passés, des inventions, mon année de naissance et d'autres renseignements intéressants,** précise Confucius.

— Les amis, j'aimerais que vous inscriviez votre nom et votre jour de naissance sur un de ces cartons, demande madame Mimi. Ensuite, placez-le au bon endroit sur cette ligne-ci.

Madame Myriam
7 mars

L'enseignante s'avance pour positionner son carton personnalisé sur le calendrier linéaire de l'année en cours.

— **Hum**, comme ma fête est le **7 mars**, je pique mon carton... ici, dit-elle en l'épinglant sur la bonne date. Comme ça, nous pourrons facilement souligner tous vos anniversaires. Alice, veux-tu le faire en premier, s'il te plait? demande-t-elle.

La fillette se lève et épingle sa date de fête suivie de tous les autres.

— **Hey Benjamin, tu es né le même jour que moi!** s'écrie William en piquant son carton.

— Super, comme ça, nous sommes presque des frères... **jumeaux!** réplique le garçon en riant.

Le calme revenu, madame Mimi précise ses attentes dans sa classe: chacun doit respecter le code de vie du dragonnier. Ils analysent ensemble la bannière rouge.

Le Code de vie
des dragonniers et dragonnières

Respect • Connaissances • Défis

Plus précisément, le dragonnier et la dragonnière mettent en pratique ces grands principes de vie :

ATTITUDE
Toujours **à l'écoute** et **respectueux** de soi et des autres
·
BAGAGES
On acquiert des **connaissances** afin de les **partager** avec les autres
·
HABILETÉS
On **relève des défis** avec calme et persévérance
·
QUÊTE
Réussir l'aventure de sa vie

— Ce sont les trois clés pour découvrir le monde! s'exclame Confucius sur un air de théâtre. Une attitude de respect, acquérir des bagages pour pouvoir les partager et enfin développer des habiletés en relevant des défis. Ce n'est pas utile d'avoir des connaissances si nous ne faisons rien avec... il faut partir à l'aventure!

— Je souhaite aussi que vous fassiez les efforts nécessaires pour réussir votre année scolaire, c'est votre plus grand défi comme élèves, précise-t-elle.

— Ne vous inquiétez pas, ajoute le dragonneau, madame Mimi et moi-même, votre Dragon d'or, allons travailler en équipe pour vous aider.

— Génial! répondent les enfants, enthousiastes.

Rapidement, la fin de la journée arrive et chacun rentre chez soi encore émerveillé d'être devenu un modèle pour un Dragon.

Le soir venu, Olivier a du mal à s'endormir.

— J'ai tellement hâte à demain! soupire le gamin en fermant ses yeux pour la nuit. C'est tout un privilège que d'être un dragonnier!

— Bonne nuit! souffle Confucius dans l'esprit de chacun de ses nouveaux amis.

La classe des dragonniers

Le lendemain, madame Mimi accueille ses écoliers avec son habituel sourire et sa bonne humeur communicative. Elle a échangé sa belle robe contre un pantalon et un chandail plus confortables pour enseigner.

Tous les matins, les quinze premières minutes sont toujours consacrées aux échanges.

— Je considère qu'il est important de se connaitre et de partager ce que nous vivons, déclare l'enseignante.

— **Je suis tout à fait d'accord!** renchérit Confucius.

— Allez-vous remettre votre costume de temps en temps? lui demande Alice.

— Chaque fois où le moment sera approprié, promet la dame. Même vous pouvez devenir décorum★. Si vous le voulez, nous pourrions fabriquer des accessoires de dragonnier et même vos armoiries★ ou un blason★ personnalisé!

— **Oh, ouiiii!** répondent les enfants.

— Et des épées de chevalier en mousse? demande Olivier. Et une armure en papier d'aluminium? Quand pourrons-nous commencer? **Tout de suite!!?**

Le jeune garçon ne tient plus en place et sautille sur sa chaise, surexcité à cette idée. Il commence déjà à dessiner des pièces pour son prochain chef-d'œuvre.

— Ce sont de bonnes propositions de projets pour nos arts plastiques lors de la **période libre du vendredi après-midi**, répond madame Mimi.

Ce matin, il y a beaucoup d'animation dans la classe. Les jeunes ont la bougeotte★, personne n'écoute vraiment et tous parlent en même temps. Il y a de l'électricité dans l'air! madame Mimi demande le silence par un signe de la main. C'est long...

— **Un peu de silence, s'il vous plaît,** souffle le dragonneau dans l'esprit des enfants. **Je commence à être étourdi par tout ce bruit. C'est une vraie cacophonie*!**

Oups! En quelques minutes, les enfants se taisent enfin et se rassoient sur leur chaise.

— Maintenant, Olivier, dépose ton crayon et lève-toi, lui demande madame Myriam. J'aimerais que tu nous expliques ce tu ressens lorsque tu portes l'étendard des dragonniers. Tu peux mimer tes émotions si tu veux.

Olivier bondit et se place bien droit en faisant semblant avec ses bras de brandir un drapeau, ce qui fait rire tous ses amis.

— **En voilà un qui est toujours prêt!** remarque Confucius.

— Avec un peu plus de... calme, s'il te plaît, demande madame Myriam avec un sourire.

Le garçon n'y arrive pas, car il est trop excité. De plus, il ne se souvient plus de la question! La classe chahute de nouveau.

— **Ne t'en fais pas, Olivier, je suis avec toi,** lui murmure Confucius sur un ton rassurant.

On bouge!

Devant un tel boucan*, l'enseignante en conclut qu'ils ne sont pas dans un état émotif assez calme pour recevoir des connaissances.

Elle se lève et en profite pour organiser un petit jeu. Elle met une musique douce avec des airs de l'ancien temps.

— J'aimerais que vous vous leviez tous et que vous demeuriez dans la case de votre bureau, demande-t-elle. Placez vos deux pieds bien au sol, les jambes un peu écartées et vos bras le long de votre corps, comme moi. **Fermez vos yeux et respirez profondément**. Encore une fois.

Quelques enfants obéissent en rouspétant. Peu à peu, ils finissent tous par s'apaiser.

— Imaginez que vous êtes tous des étendards de dragonnier... commence-t-elle. Votre corps est la tige et elle est solidement plantée dans le sol. Ressentez-vous combien **vous êtes solides?** Maintenant, nous allongeons la tige pour qu'elle soit plus grande.

Les enfants étirent leurs bras vers le haut, le plus haut possible... Jusque sur la pointe de leurs pieds.

— Bien. Respirez profondément, ajoute Confucius.

— Nous allons maintenant déployer le fanion rouge et or en faisant un grand cercle avec nos bras, dit madame Mimi. **Sentez le vent qui le fait flotter, à gauche... à droite...** un vent de plus en plus fort qui soulève vos bras vers le ciel. Imaginez l'air frais et le soleil sur votre visage... Inspirez. Respirez.

— Maintenant, on replie le drapeau pour le ranger, suggère Confucius.

Les enfants imitent leur enseignante et ramènent leurs bras vers l'avant en se penchant jusqu'au sol, sans tomber. Ils placent leurs mains par terre et certains plient un peu les genoux.

— Ça me tire dans le dos! lance un gamin.

— **Vas-y doucement**, le rassure Confucius, **«un exercice qui fait mal est un exercice mal fait.»**

— Maintenant, on fait semblant de replier notre étendard en roulant les poignets. Tranquillement... c'est bien. On se relève et on se dégourdit un peu en bougeant les épaules, les doigts et les chevilles, annonce la voix douce de madame Mimi. On inspire une dernière fois.

Les enfants émergent en souriant.

— **Je me sens bien comme lorsque je fais du yoga après l'école!** déclare une fillette, satisfaite.

— **Vous étiez parfaits!** annonce Confucius d'une voix solennelle.

— Maintenant, Olivier, explique-nous les émotions que tu as ressenties le premier jour de classe lorsque tu as porté le fanion des dragonniers.

— JE... JE... tente de dire le garçon en recommençant à bouger.

Il essaie de réfléchir, mais ses idées se bousculent dans sa tête, et son cœur recommence à battre rapidement.

— Respire lentement, mon dragonnier, lui souffle Confucius. **Je suis avec toi. Voilà... du calme, ça va aller!**

— Je suis contente de voir que tu réussis à retrouver confiance en toi, Oliver. **Bravo!** l'encourage madame Mimi.

— Lorsque je porte notre drapeau, je... je me sens important, dit enfin le garçon en relevant la tête. **Je suis très fier d'être un dragonnier.**

— Moi aussi, c'est comme cela que je le vis! ajoute Benjamin.

— **Moi aussi!** lance un autre élève.

— Moi, j'aime quand les autres élèves nous regardent défiler, remarque Camille. Nos rangs sont bien droits et les plus silencieux.

— Est-ce que vous trouvez ça difficile? demande madame Myriam.

— Non, c'est normal pour nous, car nous devons donner l'exemple à notre dragon! conclut Alice.

Les autres enfants l'approuvent chaleureusement.

Ils sont tous d'accord!

Le coffre aux trésors

Les jeunes se rassoient et le silence revient enfin dans la classe.

— Maintenant, il est temps de présenter une idée pour faire **la bonne action de la journée**, demande madame Mimi.

— Je suggère que nous aidions à préparer les petits de la maternelle pour la récréation, lance Alice. Et puis, ils ont toujours besoin qu'on lace leurs souliers, ça va beaucoup plus vite lorsque nous sommes là!

— Êtes-vous tous prêts pour cette bonne action? questionne l'enseignante.

— **O**uiiiii, répondent en chœur les enfants en se préparant à sortir.

— Alors ce sera celle d'aujourd'hui. Je vais aviser leur enseignante, déclare-t-elle. Alice, tu seras responsable de l'équipe **Habillage des petits.**

— **Super!** lance la fillette. J'ai déjà mon plan pour le faire de façon organisée.

— Tu sais ma belle Alice, lui murmure Confucius, « quand un enfant a faim, mieux vaut lui apprendre à pêcher que de lui donner un poisson ».

— Qu'est-ce que ça veut dire? lui demande la dragonnière à voix basse.

— Ça veut simplement dire que tu es mieux de leur enseigner à attacher leurs lacets que de le faire à leur place.

— J'ai compris, lance-t-elle toute joyeuse. Comme ça, ils seront capables de le faire seuls la prochaine fois!

— C'est ça! rigole le dragonneau.

— Alice, pour ta belle proposition, tu mérites **un écu d'or,** ajoute l'enseignante en lui donnant un carton illustré d'une pièce antique et dorée. Regardez avec moi notre tableau des récompenses, pointe-t-elle. **Hum,** que pourrais-je bien obtenir avec un écu d'or?

Les enfants regardent les textes et les images. Ils constatent que :

10 écus d'argent = 1 écu d'or

10 écus d'or = 1 pierre précieuse

Juste en dessous de l'affiche, il y a un gros coffre en bois foncé rempli de surprises.

— Avec mon écu d'or, je pourrais me choisir un objet de sa valeur dans cette grosse malle, annonce Alice. Il y a des signets, des images, des cartes...

Après une pause, elle reprend.

— Mais j'aimerais mieux ramasser mon argent scolaire pour l'échanger contre une période de repos dans le donjon.

— **Hey,** lance Olivier, on pourrait même avoir le droit **de lire sur le trône de Confucius!**

— **Wow, trop génial!** ajoute Benjamin, rêveur. Nous pourrions aussi avoir **l'honneur de nous occuper de l'œuf de dragon à la maison...**

— **Durant toute une fin de semaine!** complète Alice, émerveillée.

— Chaque fois que ce sera possible, vous pourrez recevoir des écus. Nous avons aussi des récompenses de classe. Par exemple, vos parents pourraient recevoir un courriel spécial relatant votre beau comportement.

Les enfants analysent les autres possibilités.

— Madame, pourquoi la liste n'est-elle pas complète? demande Camille, curieuse.

Tableau des récompenses

- Choisir un objet de valeur équivalente
- Recevoir des félicitations officielles
- Inviter une personnalité dans la classe
- Période de repos dans le donjon
- Récréation prolongée
- Assurer la messagerie
- Assister l'enseignante
- Porter l'étendard des dragonniers
- Transporter l'œuf de dragon
- Être responsable de l'œuf de dragon
  - pendant toute une journée
  - à la maison durant une fin de semaine
- ....
- ....

— J'ai laissé des espaces pour vos propositions, répond l'enseignante. Que pourrais-je donc bien ajouter qui vous ferait plaisir?

— **Des autocollants de chevaliers** et des **coloriages de dragons!** lance Benjamin.

— **Et de princesses!** renchérit sa voisine de pupitre.

— D'accord, ajoutons-les, dit madame Mimi.

Elle les inscrit au crayon-feutre.

— Une partie de ballon à l'extérieur! propose Olivier.

— Fermer les rideaux du donjon et avoir la paix totale pour lire, suggère enfin Alice.

— **Excellentes idées**, conclut Confucius. **Vive les récompenses!**

— Madame Mimi, qu'arrive-t-il lorsque ça ne va pas? Allons-nous perdre tous nos écus? demande Camille, toujours inquiète.

— Nous avons un système appelé «**conseil de coopération**», explique-t-elle en montrant une boite aux lettres décorée. Je vous remettrai parfois un coupon en particulier. Vous pouvez aussi en rédiger et vous avez toute la semaine pour les déposer ici.

+je félicite +je critique +je remercie
+je veux parler de...

Lorsqu'il y a des mises au point à faire, madame Myriam valorise la discussion. Pour elle, **un privilège est acquis et ne peut pas se perdre, car il a été durement gagné.** C'est aussi une façon de ne pas décourager les élèves en difficulté.

— Enfin, si c'est nécessaire, ajoute madame Mimi, je préfère que la personne qui a fait une erreur **propose un moyen de réparation.** Vous êtes tous capables d'apporter des idées pour améliorer les comportements qui ne respectent pas le code de vie.

— Comme être plus gentil avec la suppléante? suggère un gamin assis au fond de la classe. On pourrait lui écrire **une lettre d'excuse**...

— Ou rester en **retenue** le midi pour terminer un devoir, analyse Olivier.

— Soyez assurés qu'il y aura toujours un conseil de coopération le vendredi, juste avant la période libre, dit l'enseignante.

— **Et c'est à ce moment-là que nous allons en discuter**, confirme Confucius. **Ensemble, nous trouverons toujours des solutions!**

Le Défi lecture

En après-midi, le groupe des dragonniers se rend à la bibliothèque de l'école. C'est au tour de Camille de transporter l'œuf de Dragon d'or dans sa boursette de cuir.

Cette fois, le dragonneau est tout excité.

— Comme je suis heureux! Nous allons voir ma salle aux richesses et une des plus fabuleuses* trésorières! lance-t-il.

— Je sais que tous les dragons aiment collectionner des trésors..., murmure la fillette, curieuse. Quel genre de merveilles peut bien accumuler un Dragon d'or? Des bijoux? Des pierres précieuses?

Elle imagine facilement un autre coffre gigantesque rempli de pièces d'or.

La grande bibliothèque est bien garnie de livres, de revues, d'ordinateurs, de matériel audio-visuel et de trouvailles intéressantes. Dès leur entrée, les enfants remarquent une petite dame délicate aux cheveux noirs qui les attend avec le sourire. Autour d'elle, huit tables rondes entourées chacune de quatre chaises.

— **Madame Défi lecture!** s'exclame Alice avec joie en s'élançant pour la serrer dans ses bras.

— **Bonjour, Alice! Bonjour, Benjamin! Bonjour, Olivier! Bonjour à tous!** lance-t-elle heureuse de les revoir.

— MADAME QUI? questionne Camille, qui ne la connaît pas encore.

— Pour les nouveaux dans notre école, je vous présente madame Johanne, une animatrice en littérature jeunesse, dit madame Mimi. Nous sommes vraiment chanceux de pouvoir encore la recevoir cette année dans le cadre du **Défi lecture.**

Camille pâlit et avale difficilement sa salive. La lecture est son pire cauchemar!

— **Ne t'en fais pas,** Camille, murmure Confucius. **Nous sommes tous avec toi dans cette aventure.**

— Tu ne comprends pas, répond-elle presque en pleurant.

— Oh, que oui, je te comprends! la rassure-t-il. Je vois la vie avec tes yeux et je ressens les émotions avec ton cœur. Nous partageons nos forces et nos difficultés, tu sais. Attends la suite avant de te décourager, s'il te plaît.

Madame Johanne demande le silence et les enfants forment un cercle de curieux autour d'elle. Comme chaque année, elle présente un par un les magnifiques nouveaux livres tirés de sa grande valise et les aligne sur une table.

— **Vous allez être contents, car je vous ai déniché de vraies perles**, déclare-t-elle avec enthousiasme. Voici un livre de poésie, dit-elle en le montrant bien haut. Voilà un roman policier, celui-là est une aventure médiévale fantastique, et celui-ci qui présente les papillons du monde est un livre de référence.

— Youpiiiii! J'adooore qu'on me lise de nouvelles histoires! s'exclame Confucius, tout joyeux.

Madame Johanne invite les jeunes à manipuler doucement ses livres pour les découvrir.

— **Wow!** L'auteure a publié le troisième tome de ma série préférée! s'écrie Olivier en s'approchant.

Grâce à la page couverture, au titre et au résumé de l'histoire, les enfants tentent de placer les livres en ordre selon les catégories inscrites sur de petits cartons: POÉSIE, ROMAN JEUNESSE, SCIENCE-FICTION, AVENTURE, BANDE DESSINÉE...

— Celui-là, c'est sûr, je le place dans la section fantastique... s'écrie Benjamin. Avez-vous vu ce vampire aux dents pointues?

— Bonne déduction, confirme madame Johanne. **J'admire ton esprit logique, bravo!**

Un livre à ma pointure

Lorsque tous les livres sont bien triés, madame Mimi indique la marche à suivre.

— Dragonniers et dragonnières, choisissez chacun un premier **livre à votre pointure**, annonce-t-elle. C'est-à-dire un livre dont le contenu est **adapté à votre niveau de lecture**, ni trop facile, ni trop difficile.

— Vous aurez amplement le temps de lire tous les autres au fur et à mesure que vous deviendrez de meilleurs lecteurs! renchérit le dragonneau.

— Madame, comment fait-on pour choisir un bon bouquin? demande un garçon aux cheveux roux.

— **Hum,** répond madame Johanne en regardant les livres étalés devant elle. Il faut d'abord se demander : **qu'est-ce qui m'intéresse** aujourd'hui? Ensuite, est-ce que le texte est **adapté à mes capacités de lecteur**? Si j'en suis à mes premiers romans, un trop gros livre sera bien décourageant, même si j'aime le sujet!

La dame leur montre un petit roman.

— Celui-ci, par exemple, me donne le gout d'en savoir un peu plus à cause de l'illustration de la couverture. Est-ce que j'ai des amis qui l'ont déjà lu et qui pourraient m'en parler? Moi, j'aime les livres avec une **belle histoire** et qui me font **vivre des émotions**.

— Ce roman a un titre qui me fait rire, remarque Olivier en rigolant déjà, « LES MOUSTI-PIC ». Ça ressemble à une drôle d'histoire de moustiques, mais ce n'est certainement pas un livre de référence sur les insectes. Je pense que ce sera une aventure plutôt comique.

— Excellente analyse, merci. Est-ce que ce récit plairait à quelqu'un aujourd'hui? demande la petite dame.

Plusieurs mains se lèvent en même temps. Elle le confie enfin à un gamin souriant.

— Je suis d'accord avec le fait qu'un bon livre doit nous FAIRE VIVRE QUELQUE CHOSE À L'INTÉRIEUR DE SOI, ajoute Confucius. Je me souviens d'un roman que vous m'avez lu l'an dernier et qui m'a fait presque pleurer...

— D'autres œuvres, plus savantes, nous apprennent un tas de nouvelles choses ou nous font réfléchir, ajoute l'enseignante madame Mimi. Comme ce livre sur la colère ou celui-ci sur l'histoire de la musique.

— Lorsque nous lisons un bon roman et que l'on tourne la dernière page. Comment vous sentez-vous? demande madame Johanne.

— Moi, je me sens toujours bien parce que je suis plus riche de connaissances! répond vivement le dragonneau d'une voix forte.

Les enfants rient.

— Parfois, il m'arrive d'être surpris par la tournure des derniers évènements, répond Benjamin.

— Moi, lorsque je lisais les aventures de dragonniers, dit Olivier, j'avais tellement hâte de connaitre la fin! Et puis, lorsque je terminais ma lecture, j'étais déçu d'avoir déjà fini. **C'est bizarre, non?**

Madame Johanne sourit.

— Il est tout à fait normal d'être triste de quitter les personnages qu'on a appris à connaitre et à aimer. Surtout si c'est un récit qui nous a transportés dans un autre univers durant de longues heures, explique-t-elle.

— **Merci, madame Johanne, de nous faire découvrir tous ces fabuleux trésors!** conclut Confucius. **J'aime tellement faire grossir ma collection de livres avec de nouveaux auteurs.**

Cette fois, les écoliers rient de bon cœur en imaginant le Dragon d'or enseveli sous une **énooorme** pile de bouquins...

Le Cercle de lecture

Peu de temps après, madame Mimi invite les jeunes à s'attabler en groupes de quatre.

— Vous formerez ainsi votre **cercle de lecture** pour cette année, dit-elle. D'ailleurs, votre carnet du lecteur vous y attend déjà.

Évidemment, les trois amis s'élancent en entrainant Camille pour s'asseoir ensemble.

— **Benjamin, à quoi serviront ces équipes?** demande la nouvelle en plaçant l'œuf de dragon au milieu de la table.

Elle jette un coup d'œil rapide au petit cahier blanc devant sa place.

— Depuis notre première année du primaire, le cercle de lecture nous permet d'échanger nos idées et de connaitre de nouveaux livres, répond Olivier. C'est le plaisir de lire!

Afin de s'exercer à mieux comprendre les histoires, les élèves remplissent des fiches de lecture. À la fin de l'année scolaire, madame Johanne revient les encourager en animant des jeux-questionnaires.

— Je vous fais remarquer que **je suis très bon** dans ces tournois! souligne Benjamin en faisant semblant de se péter les bretelles*. Je vous présente une intrigue policière où un jeune doit faire des enquêtes!

— **J'adooore ce genre d'aventures!** s'écrie Confucius, vraiment content.

Camille baisse les yeux en faisant la moue*.

— **Ah bon**, répond-elle sans enthousiasme.

— Alice, si ce n'avait pas été de toi, jamais je n'aurais pensé aimer écrire des poèmes, s'exclame Olivier en souriant. Mais aujourd'hui, j'ai choisi le tome 3 de ma série préférée : Les dragonniers!

— Comme nous avons tous des gouts de lecture différents, explique Alice, nous partageons nos impressions entre nous avant de faire un résumé devant la classe. Tu verras, Camille, **c'est vraiment amusant!** Voici l'histoire d'une enfant qui a vécu au temps de la guerre. J'ai bien hâte de savoir comment était sa vie!

— Pffff... de pire en pire, bougonne la nouvelle.

Elle les regarde d'un air découragé et sent ses yeux se remplir de larmes. Déchiffrer les mots est tellement difficile!

— Camille, pourquoi n'as-tu pas choisi de livre? demande gentiment madame Johanne en s'approchant du groupe.

La fillette est maintenant presque en colère.

— **Je n'aime pas lire!** s'écrie-t-elle tout à coup. **Et puis, aucun ne m'intéresse!**

— Moi non plus, aucun livre ne me tente, s'exclame un gamin assis à la table d'à côté. **Lire ne sert à rien!**

— **Aaahh!** Je comprends. Laissez-moi vous raconter une histoire vécue, dit la dame en s'adressant à tous.

Il y a très longtemps, comme la plupart des gens vivant dans les campagnes, mon grand-père ne savait pas lire du tout. **Imaginez! Il ne pouvait même pas compter la monnaie** lorsqu'il vendait ses légumes!

— **Il aurait pu se faire voler!** s'exclame Oliver qui écoutait avec attention.

— Effectivement, et cela lui arrivait souvent, continue madame Johanne. Un jour, il fit la promesse d'avoir une vie meilleure. Il travailla encore plus fort dans ses champs et après plusieurs années, tous ses enfants purent aller à l'école. Mieux encore, une de ses filles devint institutrice et lui enseigna à compter, à lire et... à écrire. **Cela a rendu le vieillard le plus heureux des hommes!**

— Comment savez-vous tout cela? demande Camille avec un peu de méfiance.

— C'est parce qu'il a eu le temps d'écrire toute son histoire avant de mourir. Son livre s'appelle «**Mémoires d'un cultivateur en 1900**», confie madame Johanne. C'est par la lecture que nous pouvons découvrir la vie des gens d'autrefois.

Les «dys» quoi?

— **Madame Mimi**, murmure Confucius à l'oreille de l'enseignante, **je pense que ce serait intéressant d'expliquer les «DYS».**

Madame Myriam acquiesce★, se lève et demande la parole.

— Vous savez, chacun de nous a de belles forces qui nous permettent de relever des défis tous les jours. Malgré tout, il arrive que quelques-uns aient moins de facilité que d'autres et c'est pourquoi nous faisons des équipes pour nous entraider. Par exemple, certains élèves ont beaucoup d'énergie et sont très actifs. Ils doivent alors travailler plus fort pour se calmer.

— Je suis d'accord, **j'aime trop bouger!** lance Olivier en faisant rire ses amis.

— **J'approuve!** ajoute Benjamin.

Madame Mimi sourit.

— Effectivement, et tu n'es pas le seul à utiliser des **stratégies pour canaliser ta boule d'énergie,** concède-t-elle. Comme courir à plein régime durant les récréations et faire des sports après l'école...

— Ou apprendre mes tables d'additions en driblant mon ballon de basketball! précise-t-il en souriant.

— **C'est bien trop vrai que ça fonctionne!** ajoute encore Benjamin, car il l'a déjà testé.

— Certains enfants ont un trouble de l'attention, explique l'enseignante. C'est très difficile pour eux de focaliser sur une seule chose à la fois, comme me regarder lorsque je parle.

— **Parfois, nous sommes bien plus intéressés par ce qui se passe dehors... n'est-ce pas Alex?** murmure Confucius en surprenant gentiment le garçon.

— Dans notre groupe, certains ont de la difficulté avec la lecture et la compréhension des textes, dit madame

Mimi. Vous avez surement entendu des mots comme **dysphasie**★ et **dyslexie**★.

À entendre ces mots scientifiques, Camille devient encore plus nerveuse.

Soudain, Alice demande la permission de se lever pour parler.

— Mon cousin est dysphasique, explique-t-elle d'une voix forte. Même s'il est obligé d'être dans une classe spécialisée pour travailler le langage, **il est très intelligent**. Nous savons que ce n'est qu'un trouble de la communication, comme un **handicap invisible**.

— Exactement, les enfants dysphasiques ont de la difficulté à bien parler, à comprendre certaines phrases et à apprendre, précise madame Mimi.

— J'ai lu dans un livre[1] qu'un **ouragan passe tous les matins dans le classeur à mots** de mon cousin, illustre Alice. Il n'arrive pas souvent à attraper le bon terme pour communiquer son idée. Alors, nous lui parlons lentement avec des expressions simples et des pictogrammes. Malgré tout, il est bien meilleur que moi à la course et aussi pour lancer les ballons! Je l'aime beaucoup.

La dyslexie

— Merci, Alice, pour ton témoignage, l'encourage madame Mimi. La dyslexie, quant à elle, est seulement une difficulté d'**apprentissage de la lecture.** Chaque dyslexique est différent, mais **cela n'enlève rien à son intelligence, au contraire!** Ce jeune doit faire preuve d'encore plus d'astuces pour réussir à suivre le rythme des autres élèves de sa classe.

Camille est vraiment intriguée. C'est la première fois que quelqu'un explique ses difficultés aussi clairement.

— Dans notre classe de dragonniers, nous faisons de la place aux gens différents et nous sommes là pour les aider, déclare l'enseignante.

— Oui, nous sommes des **élèves mentors***, déclare Benjamin avec fierté. Moi, je peux aider en mathématiques, car c'est ma matière la plus forte.

— Nous avons aussi une équipe-école composée de spécialistes, insiste madame Mimi. Un **psychologue*** pour aider à gérer les émotions, un **orthophoniste*** qui accompagne les troubles de langage et une **orthopédagogue*** pour aider à apprendre.

— *Je te l'avais bien dit,* murmure Confucius dans l'esprit de la fillette. **Nous sommes tous là pour te soutenir!**

Camille est encouragée et lève timidement la main.

— Comme je suis dyslexique depuis toujours, je voudrais savoir si je serai pénalisée parce que je lis moins de livres que les autres. Pour moi, la lecture est très difficile! Je comprends que le cousin d'Alice a des tempêtes dans son classeur à mots. Dans ma tête, **il y a une tornade qui passe son temps à mélanger les lettres de chaque mot...** J'ai donc de la difficulté à lire, car les lettres sont trop souvent inversées... surtout les jumelles!

Ses amis la regardent avec compassion★, sans se moquer. Ils comprennent maintenant pourquoi elle semblait si malheureuse devant le Défi lecture.

— Ne t'inquiète pas, ma belle Camille, lui répond madame Johanne. Si par exemple, tu as lu cinq livres l'année dernière, ton défi personnel sera de te dépasser toi-même. Peut-être voudras-tu en lire six ou même seulement quatre, mais plus difficiles? **L'idée est de s'améliorer.**

— **Merci!** s'exclame Camille, toute joyeuse. Est-ce que je peux maintenant aller me choisir un livre dans votre collection?

— Certainement! Surtout, **prends-en un qui t'inspire et que tu auras du plaisir à lire**, conclut madame Johanne. J'ai confiance en ton jugement.

— Alors, je choisis celui-ci, déclare la fillette, vraiment satisfaite. Il explique l'origami ou comment fabriquer des objets en pliant du papier. **J'adooore** tout ce qui touche les arts et je suis excellente dans cette matière!

Jour de grisaille et astuces de Dragon d'or

Dans les semaines qui ont suivi, les enfants de la classe des dragonniers ont beaucoup appris. Ils sont très fiers et le montrent chaque fois qu'une occasion se présente.

Mais en ce jour de pluie gris et nuageux, il semble que ce soit difficile pour presque tout le monde.

Plusieurs enfants profitent de cette période pour avancer un travail incomplet. Madame Mimi fait jouer de la musique relaxante.

Elle se promène entre les bureaux et donne un petit coup de pouce à ceux qui le lui demandent.

Assise bien sagement, une fillette répète un **exercice de concentration**. Elle trace des spirales de différentes couleurs avec ses crayons.

Elle fait très attention à ce que les lignes ne se touchent pas. Elle porte aussi des coquilles antibruit sur ses oreilles, ce qui l'aide vraiment à se concentrer sur son travail.

Sa voisine est en train de réviser une comptine à apprendre par cœur. Pour mieux la mémoriser, Confucius lui suggère d'imaginer les phrases en les associant à des images. Il lui envoie quelques exemples mentalement tout en lui suggérant un air connu.

— **Hey, ça fonctionne!** s'exclame-t-elle. Je la fredonne déjà. Merci, mon beau Dragon d'or!

— **Vive les ritournelles!** répond-il.

À son pupitre, Olivier a beaucoup de mal à rester tranquille sur sa chaise. Il s'égare à dessiner des chevaliers sur sa feuille. L'enseignante s'approche de lui et chuchote à son oreille.

— Je crois que tu pourrais essayer le **ballon-chaise** pour t'aider à focaliser sur ton travail, qu'est-ce que tu en penses? suggère-t-elle.

— **Oh, ouiii!** répond-il sans hésitation.

Le ballon en question est bleu, énorme et très résistant. Dans la classe, pour ceux qui le désirent, il remplace temporairement la chaise pour travailler à son pupitre.

Le garçon s'installe à cheval sur le ballon-chaise, les deux pieds touchant le sol.

«Comme il est confortable! Il rebondit! Youpiiii! » pense-t-il en s'amusant.

Soudain trop énervé, le garçon bascule sur le côté et tombe presque sur le sol. **Ouf!** Il se rattrape avec une main juste à temps. Froissé dans son orgueil, il fait mine d'aller le remettre au fond de la classe.

— Où vas-tu comme ça, mon dragonnier? lui demande Confucius.

— Ça ne marche pas, ce n'est pas pour moi! réplique-t-il.

— Tu sais pourtant «qu'il n'y a jamais d'échecs, que des expériences»? lui répond le dragonneau. Essaie encore, juste pour voir si tu n'y arriverais pas!

Sans trop y croire, Olivier se réinstalle sur le ballon bleu. Cette fois, il se tient bien droit afin de conserver son équilibre pour ne pas tomber.

Au bout de quelques minutes, Olivier travaille correctement sans même s'en rendre compte. C'est presque magique!

Dans son coin tranquille, Benjamin est installé dans le donjon et savoure un nouveau livre.

Alice, qui habituellement réussit bien à l'école, doit encore retravailler ses mathématiques. Elle s'acharne, car elle a aussi hâte de rejoindre son meilleur ami.

Soudain, sans faire de bruit, Benjamin vient s'installer à côté d'elle.

— **Est-ce que je peux t'aider?** lui chuchote-t-il.

— Oui, je t'en prie, explique-moi, car je ne comprends pas cette équation, demande-t-elle à voix basse.

— Voilà, on fait comme ça, comme ci et comme... ça, répond-il rapidement en finissant le problème.

— **Ah! Mais, je n'ai rien compris!** Tu es mieux de m'apprendre à pêcher plutôt que de me donner le poisson tout cuit, dit-elle sérieusement.

— **Quoi?** répond-il, surpris.

— Pour que j'apprenne à le faire seule, explique-moi étape par étape, demande Alice. Ne le fais pas à ma place, s'il te plait!

Chapitre 17

Mon cerveau est une forêt

Assise à son pupitre, un peu plus loin, Camille désespère devant sa dernière lecture. Elle a beau relire très lentement le texte, lorsqu'elle arrive à la fin, elle ne se souvient même plus du début!

Pire, les lettres des nouveaux mots dansent devant ses yeux et elle n'y comprend rien.

— C'EST UN CAUCHEMAR IMPOSSIBLE! soupire-t-elle découragée.

— Ma belle dragonnière Camille, je serais heureux de te faire découvrir «qu'il n'est pas nécessaire d'aller vite, mais de ne jamais arrêter», lui murmure le dragonneau.

— Je ne vois pas comment tu pourrais m'aider... déclare la fillette, incrédule.

Madame Mimi passe tout près et dépose délicatement Confucius sur le pupitre de Camille. Sans dire un mot, elle fait un clin d'œil à la petite dragonnière et continue son chemin.

— Si tu veux, regardons ensemble ce texte qui te cause tant de soucis, demande le dragonneau.

La fillette lui fait la lecture à voix basse en butant sur presque tous les mots. Avec patience, Confucius la reprend et la laisse répéter. Encore et encore...

Soudain exaspérée de ne pas réussir à son gout, elle ferme sèchement son cahier et se couche par-dessus.

— **C'est** assez, **j'arrête là**, grogne-t-elle.

— Mais nous y sommes presque! s'objecte le dragon dans son œuf. As-tu remarqué une différence depuis la première fois où tu as lu le récit? Au début, c'était difficile, mais ensuite, comment ça se passait?

— C'était un peu plus simple...

— Voilà, répond Confucius. TON CERVEAU EST COMME UNE FORÊT. Les premières fois qu'on y entre, c'est plein de broussailles. On doit apprendre à enlever les herbes, une par une, pour traverser.

— C'est comme avec les nouveaux mots... dit Camille. Une syllabe à la fois.

— Oui, approuve le dragon. Et puis, à force de répéter le même trajet, on finit par créer des SENTIERS PROPRES ET LIBRES D'ACCÈS.

— Alors, lorsque les mots deviennent connus, c'est plus facile, réfléchit encore la fillette.

— Exactement! Mais il faut entretenir les petites routes... Si, par exemple, tu t'arrêtes de lire parce que c'est trop difficile, IL VA Y POUSSER PLEIN DE MAUVAISES HERBES.

— Et ça ne passera plus, ajoute la fillette.

— Il faudra alors recommencer à arracher des herbes... C'est pourquoi il ne faut pas lâcher et continuer à t'exercer, conclut Confucius. Je sais que tu es capable, je suis avec toi.

Soudain, le visage de la fillette s'illumine.

— Je pense que je viens de comprendre ton proverbe! s'exclame-t-elle. **«Il n'est pas nécessaire d'aller vite, mais de ne jamais arrêter»**, ça veut dire que chaque fois que je bute sur un mot, la prochaine fois que je le rencontrerai, mon cerveau va le reconnaître et ce sera plus facile... mais il ne faut pas arrêter de lire!

Soudain encouragée, la petite fille va replacer doucement l'œuf de dragon sur le bureau de madame Mimi. Au cas où quelqu'un d'autre aurait besoin de son aide.

Elle retourne ensuite à son pupitre, ouvre son cahier et reprend là où elle s'était arrêtée. Curieusement, tout est maintenant plus simple. **«Ce dragon a drôlement raison!»** pense-t-elle en souriant.

Le Salon du livre

Tout au long de l'année, les écoliers font des sorties éducatives. Parfois ils sortent au musée, au théâtre ou dans un parc naturel.

Mais la balade préférée de Confucius est sans nul doute le voyage au Salon du livre de la ville. **Quelle merveilleuse aventure!** Le dragonneau attend ce moment avec impatience.

Enfin, le matin arrive et la classe de dragonniers s'installe à bord d'un gros autobus.

— **En route!** se réjouit le dragon, bien à l'abri dans sa boursette de cuir attachée à la ceinture de madame Mimi.

Ce qu'il ne sait pas, c'est qu'elle lui réserve **toute une surprise sur place!**

En fait, l'enseignante a parcouru le site Internet de l'évènement et a repéré un arrêt essentiel pour son groupe.

— **Je me demande bien ce que nous allons y découvrir**, questionne Camille. C'est ma première visite dans un Salon du livre. Je ne veux pas me perdre!

— Tu n'auras qu'à nous suivre, la rassure Alice.

— Je te montrerai **le coin de la BD**, annonce Benjamin.

— Moi, j'aimerais me dénicher un autre roman de **dragons**, ajoute Olivier.

Un peu plus tard, après avoir passé par la billetterie et le vestiaire, les enfants se rendent dans différentes petites salles pour assister à des rencontres d'auteurs et à des animations jeunesse.

Après le gouter et les yeux de plus en plus brillants, les enfants visitent enfin la grande salle, celle qui regorge de livres et de nouveautés. Ils suivent madame Mimi qui a apporté la bannière des dragonniers. **C'est bien plus facile de la repérer ainsi!**

— **Partons à la découverte de ce vaste monde!** lance Confucius, tout joyeux.

En passant les grandes portes, les jeunes sont émerveillés par l'atmosphère joyeuse qui y règne. Il y a beaucoup de monde, des livres partout sur les tables et les étagères. **Ils tentent de ne pas toucher à tout, mais c'est difficile!**

En peu de temps, ils ont la tête pleine d'images et n'ont pas assez d'yeux pour tout regarder. Heureusement, grâce à leurs petits calepins, ils prennent des notes sur les titres et les collections qui leur plaisent pour leurs futurs achats.

D'ailleurs, la consigne est claire : ils doivent faire le tour des kiosques au moins une fois avant de choisir. **Il y a tellement de belles histoires à lire que Confucius en achèterait des tonnes!** Mais les enfants ont un budget à respecter. Ils décident donc de prendre leur temps afin de faire de bons choix.

— As-tu vu cet album? Comme il est magnifiquement illustré! lance Alice.

— **Youpiii**, un nouveau numéro avec mes héros préférés, ajoute Benjamin.

Partout, les jeunes sont accueillis par des auteurs souriants qui leur présentent leurs œuvres. Certains offrent même des signets colorés ou des autocollants souvenirs.

Une visite inoubliable

Au détour d'une allée, Olivier est attiré par un dragon rouge juché* dans les airs.

— **Ben, regarde!** s'écrie-t-il en le tirant par le bras.

À ce kiosque, une foule compacte se presse autour des auteurs. La classe des dragonniers attend son tour et s'approche enfin.

Sur les murs, il y a des livres bien trop épais au gout des enfants et d'autres plus «à leur pointure».

Un des auteurs est planté devant eux : c'est presque un géant avec une cape de fourrure, une barbe noire et un **énooorme marteau avec deux têtes de bélier** dans ses mains. Il discute avec des lecteurs plus vieux.

— **Bonjour à la classe de madame Mimi!** leur dit sa compagne, auteure également.

La dame a de longs cheveux et est habillée d'une robe médiévale.

— **Quoi? Elle nous connait?** murmure Camille.

— Bienvenue les dragonniers! leur dit-elle encore. Je suis la **gardienne des œufs de dragon** et une **maitre dragonnière.** Je suis heureuse de vous présenter l'univers magique de Seyrawyn!

— **Ce monde existe pour de vrai?** s'exclament Olivier et Ben.

— Bonjour, Marie-Calina, répond madame Mimi en souriant. Nous sommes venus vous saluer et vous présenter notre œuf de Dragon d'or!

— **Marie-Calina! Grim! Wow, quelle belle surprise, madame Myriam! Merci! Quelle joie!** s'exclame Confucius, tout énervé dans sa coquille.

L'enseignante sort l'œuf de dragon de sa boursette et le tend à la dame. Celle-ci le caresse doucement.

— Bonjour Confucius! Je suis bien contente de te revoir aussi, dit-elle. Comment ça se passe avec tes nouveaux dragonniers?

— Ils sont fabuleux! Ils sont curieux et sympathiques*! Je les adooooore! répond-il avec fougue*.

Tout le monde se met à rire de bon cœur.

— Approchez les enfants, dit Marie-Calina. Venez admirer les autres couleurs d'œufs de dragon. **Vous pouvez en prendre un dans vos mains**, leur permet-elle exceptionnellement.

Les jeunes comprennent qu'en ce moment les petits dragons dorment paisiblement. Même s'ils aiment se faire cajoler, il ne faut pas les secouer ni les cogner.

— Au début, cet œuf rose était froid, mais il commence **à se réchauffer** dans ma main, dit Camille en souriant.

Sur le mur du fond, les jeunes admirent les illustrations de dragons en écoutant les explications de la gardienne.

— Même si ce sont les mêmes que dans notre classe, murmure Benjamin, je trouve qu'elles ont plus de sens maintenant.

— Tu vois, «une image vaut mille mots», lui souffle Confucius. Chaque image regorge de détails que nous ne pouvons pas toujours écrire.

— Je comprends! s'exclame le garçon. Elles racontent des histoires, mais sans les mots!

— C'est ça! conclut le dragonneau.

Une foule de questions se pressent en même temps dans la tête des enfants.

— Comment choisit-on un œuf de dragon? demande Benjamin.

— En premier, nous le choisissons avec notre cœur, c'est comme si le dragon nous appelait. Ensuite, tu peux choisir un allié à cause de ses qualités : soit qu'il te ressemble, soit qu'il te complète. Dans tous les cas, ensemble, vous allez faire une équipe.

Comme il faut déjà partir découvrir d'autres univers, la classe des dragonniers remercie poliment les auteurs.

Sur la route du retour, chaque enfant rêve des dragons en regardant son carton souvenir. Ce sera une visite inoubliable!

Enfin!

La fin de l'année scolaire arrive à grands pas et les jeunes dragonniers sont assis pour leur dernier conseil de coopération.

Alice demande la parole pour expliquer sa haute pile de coupons.

— Tout d'abord, je veux remercier madame Mimi de nous avoir **permis d'adopter Confucius**, commence-t-elle. Merci aussi à notre Dragon d'or pour tous les **bons trucs** qu'il nous a appris. Enfin, je veux féliciter notre amie Camille pour ses **efforts en lecture**. Par conséquent, je tiens à lui remettre mon privilège du trône pour qu'elle puisse gouter au plaisir de lire dans le donjon.

Les yeux de Camille se remplissent de larmes sous un tonnerre d'applaudissements.

Confucius aussi est ému. **Il se sent tout à coup très riche de pouvoir compter sur de si bons amis!**

fin

Astuces de Dragon d'Or

>> On a le droit de se tromper, car on est là pour apprendre.

>> Quand un enfant a faim, mieux vaut lui apprendre à pêcher que de lui donner un poisson.

Invente-moi un beau proverbe!

>> Mon cerveau est une forêt et répéter y enlève les mauvaises herbes.

>> Il n'est pas nécessaire d'aller vite, le tout est de ne pas s'arrêter.

Dragon d'Or

>> Il n'y a pas d'échecs, que des expériences.

>> Une image vaut mille mots.

Tu es capable. J'ai confiance en ton intelligence.
Écris ici ton proverbe :

>> ....

Les mots étoile⋆

Tu avais peut-être remarqué que certains mots avaient une petite étoile★ à leur côté. Ce sont des mots plus difficiles et voici leur définition. Dans un cahier, tu peux aussi te faire une liste avec les autres mots dont tu voudrais te rappeler.

A

acquiescer : dire oui, être d'accord
aigu, aiguë : (adj.) voix criarde, qui perce les oreilles
allié, alliée : ami, compagnon
armoirie : blason, symbole d'un groupe

B

blason : armoirie, symbole d'un groupe
border : préparer pour la nuit
boucan : bruit
bougeotte : envie de bouger beaucoup

C

cacophonie : beaucoup de bruit
cajoler : câliner, caresser
chahuter : bousculer, faire du bruit
compassion : bienveillance, gentillesse, amitié
créneaux : Chacune des ouvertures rectangulaires en haut d'un rempart, d'une tour.

D

damier : jeu avec des cases noires et blanches
donjon : tour la plus haute d'un château fort
dragonneau : jeune dragon
dragonnier, dragonnière : qui s'occupe d'un dragon
dyslexie : trouble d'apprentissage de la lecture
dysphasie : trouble du langage
décorum : qui s'adapte à un cérémonial

E

ébouriffer : décoiffer, écheveler
écu : pièce de métal
étendard : drapeau, bannière, fanion
exubérant : débordant

F

fabuleux, fabuleuse : extraordinaire
fougue : avec enthousiame, avec énergie

I

intrigué : qui réveille la curiosité
incrédule : qui ne croit pas

J

juché : installé très haut

M

médiéval : qui vient du Moyen-Âge (années 1000)
mentor : guide, conseiller
moue : grimace, baboune

O

orthopédagogue : spécialiste qui aide à apprendre
orthophoniste : spécialiste qui aide au langage

P

penture : pièce de métal qui maintient une porte
péter les bretelles : expression, se vanter
pictogramme : image, illustration
provocateur : qui cherche la chicane
psychologue : spécialiste qui aide avec les émotions

R

rehausser : mettre en évidence, mettre en valeur

S

serment du dragonnier : promesse du dragonnier
socle : base, piédestal
solennel : officiel, important
sympathique : amical

T

turbulent : qui bouge beaucoup

attention ou concentration?

Quoi? Ce n'est pas la même chose? Eh non!

L'attention

Elle utilise tes 5 sens (vue, odorat, ouïe, goût, le toucher) pour :
• capter les informations du moment
• les retenir pour pouvoir les utiliser plus tard.

Tu peux mobiliser ton attention sur plusieurs choses en même temps,
le cerveau fait une sélection. Il existe plusieurs types d'attention :

• **Attention involontaire (ou la vigilance)**
   Elle est attirée par un bruit inattendu ou un danger.

• **Attention volontaire (motivation)** Je veux savoir!

• **Attention sélective**, idéale pour l'élève, car elle permet
   de choisir les informations importantes du moment

• **Attention soutenue :** permet de garder son attention
   longtemps sur un objectif afin de terminer une tâche.

L'attention a toujours besoin d'exercice !

La concentration

C'est ta capacité de pouvoir maintenir
ton attention de manière soutenue :

• en ne tenant pas compte des distractions extérieures
• en faisant plusieurs activités à la fois **Ouf!**

C'est pourquoi elle demande :
un **effort** considérable et une grande **volonté**.
C'est aussi pourquoi elle ne **dure pas** très longtemps,
car elle cause une **fatigue** mentale et physique.

La concentration a besoin d'exercice et de pauses.

Stratégies pour apprendre

Avoir bien mangé

Une histoire
pour mémoriser
- Inventer un récit comique
- Répéter les mots avec de l'expression : très fâché, en riant
- Inventer une phrase-clé

S'installer confortablement
dans un endroit paisible

S'AMUSER!

Répéter
de façons différentes

de la Musique
pour mémoriser
- Inventer une chanson avec les mots à apprendre
- Chanter cette histoire
- Écouter de la musique d'ambiance

Occuper ses mains
Exemple : prendre
son œuf de dragon

Faire la lecture à voix haute
au parent, à son oeuf de dragon ou à son chat

Expliquer à quelqu'un
Résumer la situation simplement
Qui? Où? Quand? Pourquoi?

Visualiser dans ta tête
ce que tu lis

Enlever ce qui te dérange!

Bouger
pour mémoriser
- Lancer une balle à chaque mot
- Danser • Sauter sur un pied
- Faire du yoga • plus!

En lecture, se référer aux images
pour décoder les messages
- En dessiner d'autres

Faire des pauses

92

Le Concept des Œufs de Dragon

Dans le monde de Seyrawyn, les Dragons ont un haut niveau de conscience et peuvent **vivre plus de mille ans**. Rempli de bonté dès la naissance, le dragonneau dans son œuf sera réveillé par le Serment du dragonnier. Vulnérable, mais à l'écoute de tout nouvel enseignement, il passera entre **100 et 300 années dans sa coquille**. Relié mentalement à son dragonnier, ils vivront ensemble de multiples aventures avant d'éclore, de grandir et enfin de s'envoler pour faire sa vie.

Dans les romans Seyrawyn Aventures, les **Gardiens de Lönnar** confient les œufs de Dragons à des aventuriers méritants afin de les protéger, de les éduquer et de les préparer à éclore en toute sécurité.

En échange de protection et d'éducation, le Dragon s'engage en retour à apporter son aide à son dragonnier. Il lui transmet alors magiquement la force positive de sa couleur.

Ainsi, les **œufs de Dragon sont des alliés** qui nous aident à développer des aptitudes pour accomplir la grande Quête de notre Vie.

Les Dragons

Comment choisir son œuf de Dragon?

méthode #1 **Choisir avec son cœur, son intuition** la couleur qui nous attire, le dragon nous appelle.

#2 Choisir un allié qui nous ressemble.

#3 Choisir un allié qui va nous compléter.

ARGENT · Druide conseiller, écologiste, scientifique, naturopathe, maître des éléments de la Nature (eau, feu, air, terre)

BLANC · Artiste des glaces, créativité, tous les arts, inventions

BLEU · illusioniste, extraverti, aime le spectacle, joueur de tours, il va au-delà des images et des apparences

BRONZE · Spécialiste des créatures, le zoologiste, patient, humaniste à l'écoute des autres, relation d'aide

NOIR · Aventurier courageux toujours prêt à relever des défis, il termine ses projets, il passe à l'action

OR · Érudit, le sage qui aime apprendre et partager ses connaissances, bon conseiller

ROUGE · Justicier qui rétablit l'équilibre, aime mettre de l'ordre, aide les autres, superhéros, la flamme de la justice

VERT · Maitre forestier, aime bouger, plein-air, le scout, sportif

FÉE-ROSE · Le YIN équilibré, émotions, amitié et harmonie, sensibilité, délicatesse et calme, sens de l'esthétisme

FÉE-MAUVE · Wiccan, magie blanche, sorcier du bien-être, spirituel, mystérieux, ouvert sur l'invisible et les énergies

Maryse Pepin

L'artiste Maryse Pepin, elle-même parent de quatre adolescents, s'est toujours sentie concernée par le développement identitaire des enfants. D'ailleurs, elle est bien entourée par un réseau largement impliqué dans le milieu de l'éducation.

Créatrice en ébullition, elle partage sa passion pour le monde **médiéval fantastique** avec son partenaire de vie **Martial Grisé**, également auteur, éditeur et artisan de cuir. Ensemble, ils offrent les fabuleuses Collections **Seyrawyn**.

La série **Les Dragonniers** propose donc, sans prétention, de belles valeurs **d'authenticité, de confiance, d'estime de soi et de persévérance.** Pour cela, l'auteure s'est inspirée de récits véritables et d'astuces éprouvées. Elle offre ainsi, grâce à la magie des œufs de dragon, des solutions à la fois ludiques et pratiques pour aider les jeunes à s'épanouir.

Des histoires magiques pour les enfants et un coup de pouce pour les parents!

Auteure
Designer graphique
Illustratrice
Figuration et jeux de rôles

www.marysepepin-design.com

Notes bibliographiques

Laisse-moi t'expliquer la dyslexie. Marianne Tremblay, Éditions Midi Trente, 2011

[1] **Laisse-moi t'expliquer la dysphasie.** Sabrine Bourque, Martine Desautels, Éditions Midi Trente, 2014

Soutenir le développement affectif de l'enfant. Collectif sous Joël Monzée, Ph.D., Éditions CARD, 2014

Comment l'enfant apprend? Entrevue avec Denise Normand-Guérette, Ph.D., entendu en avril 2015 sur
https://soundcloud.com/ckvlfm/famill-duc-57-comment-lenfant?in=ckvlfm%2Fsets%2Ffamilleduc

Aider les enfants en difficulté d'apprentissage. article Châtelaine, 22 août 2014

Lectures spécialisées :
L'enseignement stratégique; L'enseignement explicite; L'intelligence émotionelle des enfants
Les phrases à dire aux enfants pour augmenter leur estime de soi

Un merci spécial à **Johanne M. Thériault**, animatrice en littérature jeunesse et responsable du
Défi lecture dans des écoles de Lanaudière et des Laurentides depuis plusieurs dizaines d'années.
courriel : johannemtheriault@hotmail.com

Plus de détails sur l'univers de Seyrawyn
et des œufs de dragon :

MARTIAL GRISÉ
ET MARYSE PEPIN
auteurs et artistes québécois
www.seyrawyn.com